AF330908

RÈGLEMENT

DE LA

BIBLIOTHÈQUE NATIONALE

RÈGLEMENT

TITRE PREMIER

Administration. — Comité consultatif. — Bureau d'administration.

§ I. — *Administration.*

ARTICLE PREMIER.

L'administrateur général, directeur, administre et dirige toutes les parties du service; il correspond seul avec les autorités publiques et les particuliers pour tout ce qui s'y rapporte.

ART. 2.

Il veille au bon entretien des bâtiments et propose les travaux à faire; aucune disposition n'est prise sans qu'il ait été consulté.

ART. 3.

En cas d'absence ou d'empêchement de l'administrateur général, ses fonctions sont déléguées à un conservateur sous-directeur, désigné, sur sa proposition, par le ministre.

ART. 4.

Il transmet au ministre, suivant les nécessités du service, les états des propositions faites par les conservateurs sous-directeurs des départements, pour les dépenses d'acquisition, de reliure, de montage ou toutes autres.

Ces propositions ayant été autorisées par le ministre, il fait remettre un exemplaire des états aux conservateurs qu'elles concernent et un exemplaire au secrétaire-trésorier.

— 4 —

ART. 5.

L'administrateur général transmet au ministre tous les mois les états de dépenses pour en obtenir l'ordonnancement.

§ II. — *Comité consultatif.*

ART. 6.

Le comité consultatif, composé ainsi qu'il est dit dans l'article 13 du décret du 14 juillet 1858, se réunit au moins une fois par mois, sur la convocation de l'administrateur général, qui le préside.

ART. 7.

Les fonctions de secrétaire sont remplies par le secrétaire-trésorier.

ART. 8.

Le comité consultatif entend le résumé de la correspondance entretenue depuis la séance précédente par l'administrateur général pour les divers services de la Bibliothèque. Il donne son avis sur les affaires pour lesquelles il est consulté par l'administrateur général, ou sur les questions posées par un des membres du comité.

ART. 9.

Le procès-verbal de chaque séance est consigné sur un registre spécial; il est signé par le président et par le secrétaire. Une copie en est adressée au ministre.

ART. 10.

Dans la première séance de chaque année, le comité consultatif donne son avis sur la répartition à faire des crédits portés au budget, entre chacun des départements, déduction faite de la somme laissée en réserve pour les besoins imprévus.

§ III. — *Bureau d'administration.*

ART. 11.

Le bureau d'administration, à la tête duquel est un secrétaire-trésorier, est chargé de l'expédition de la correspondance, de la conservation des archives, de la délivrance des cartes d'admission pour les salles de travail, de la tenue des registres pour les dons, les échanges, les dépôts internationaux, de l'enregistrement des remises faites par la douane, par la poste, etc.

Art. 12.

Le secrétaire-trésorier surveille tous les détails du service du matériel.

Art. 13.

Il fait dresser un état détaillé du mobilier, et y fait inscrire au fur et à mesure les acquisitions nouvelles.

Art. 14.

Il est chargé de la tenue de la comptabilité et de toutes les écritures qui s'y rapportent. Il est chargé de la rédaction de tous les états de dépenses et du payement des traitements du personnel, dont il a, chaque fin de mois, à retirer le montant du trésor public.

TITRE II

Personnel.

§ I. — *Conservateurs sous-directeurs, conservateurs sous-directeurs adjoints et bibliothécaires.*

Art. 15.

Les conservateurs sous-directeurs ont, dans leurs départements respectifs, la police intérieure et la surveillance immédiate de leurs subordonnés.

Ils règlent tous les détails du service et proposent à l'administrateur général les mesures nouvelles à prendre.

Art. 16.

Ils veillent à ce que, suivant la nature spéciale de leur département, tous les objets qui y entrent, tant par le dépôt que par les acquisitions, les dons et les échanges, soient inscrits sur les divers registres spécialement consacrés à cet usage, classés à la place qui leur convient et mentionnés dans les différents catalogues ou répertoires avec les cotes qui leur ont été assignées.

Art. 17.

Les conservateurs sous-directeurs veillent également à ce que tout livre imprimé ou manuscrit, toute carte, toute pièce de musique, toute estampe, qui entrent dans leur département, soient immédiatement estampillés.

ART. 18.

Ils doivent s'assurer que les inventaires contiennent la mention de tous les objets faisant partie du département, sans en excepter les doubles.

Au département dès imprimés, les doubles rigoureusement vérifiés que le conservateur n'aura pas jugé à propos de classer dans la réserve ou d'attribuer à la salle publique, recevront la même cote que les exemplaires destinés au service ordinaire, avec un signe distinctif.

Un état spécial des doubles sera dressé au fur et à mesure de la rédaction des inventaires.

ART. 19.

Les conservateurs sous-directeurs veillent à ce que tout ouvrage qui ne doit pas être remis en place avant la fin de la séance pendant laquelle il est pris sur les rayons, soit remplacé par un carton indiquant la date et le motif du déplacement. Ils règlent l'emploi de ces cartons de façon que le préposé au service ait le moyen de constater la cause et la durée probable de l'absence des ouvrages qu'il ne peut communiquer quand ils lui sont demandés.

ART. 20.

Ils proposent à l'administrateur général les acquisitions ou échanges à faire, et lui en remettent un état motivé, en double exemplaire, pour être, s'il l'approuve, visé par lui et soumis à l'autorisation ministérielle.

ART. 21.

Les conservateurs sous-directeurs, les conservateurs sous-directeurs adjoints et les bibliothécaires doivent être, pendant la durée du service, tout entiers aux fonctions dont ils sont chargés.

ART. 22.

Dans chaque département ou section, le bureau doit toujours être occupé par le conservateur sous-directeur, un conservateur adjoint ou un bibliothécaire.

§ II. — *Employés, surnuméraires et auxiliaires.*

Art. 23.

Les employés, surnuméraires et auxiliaires sont tenus de se rendre régulièrement à leur poste tous les jours avant l'ouverture de la séance, et d'y rester jusqu'à la fin du service.

Art. 24.

Il est tenu dans chaque département un registre de présence sur lequel les employés, les surnuméraires et les auxiliaires, à mesure qu'ils arrivent, inscrivent leurs noms.

Art. 25.

Ce registre est clos à dix heures précises par le conservateur sous-directeur ou par le fonctionnaire qui le remplace, et porté immédiatement au cabinet de l'administrateur général.

Art. 26.

Les employés, surnuméraires et auxiliaires ne peuvent s'absenter pendant la durée de la séance sans la permission du conservateur ou de son suppléant.

Art. 27.

Ils s'occupent exclusivement de ce qui concerne leur service, pendant la durée entière des séances ; ils s'abstiennent de tout travail qui y serait étranger.

Art. 28.

Ils sont chargés de faire observer les règles de police intérieure prescrites dans chaque département, et spécialement celles qui ont pour objet d'assurer la conservation des objets communiqués.

Art. 29.

Ils ne communiquent aucun objet que conformément aux ordres de service donnés par les conservateurs.

Art. 30.

Après chaque séance, ils remettent ou font remettre en place les livres et autres objets communiqués.

Art. 31.

Si, dans un département, il se présentait un travail d'urgence qui exigeât la coopération momentanée d'employés attachés à un autre département, cette mesure pourrait être prescrite par l'administrateur général, de concert avec les conservateurs sous-directeurs intéressés.

§ III. — *Dispositions communes, à tout le personnel.*

Art. 32.

Tout membre du personnel retenu chez lui par une maladie ou autre empêchement légitime et imprévu, doit en informer immédiatement l'administrateur général ou le conservateur de son département.

Art. 33.

Les fonctionnaires et employés ne pourront s'absenter que pour le temps et à l'époque qui auront été fixés, pour chacun d'eux, par décision ministérielle, à la suite de la présentation par l'administrateur général d'un tableau de roulement de congés. Ce tableau sera combiné par lui, de concert avec le conservateur sous-directeur de chaque département, de manière à assurer constamment un bon service.

Art. 34.

La quinzaine qui précède la fête de Pâques étant la seule époque, de l'année pendant laquelle la Bibliothèque est fermée au public, et la seule, par conséquent, où certains travaux incompatibles avec le service public peuvent s'exécuter, aucun fonctionnaire et employé ne peut s'absenter pendant ce temps sans une autorisation de l'administrateur général.

Art. 35.

Nul ne peut introduire ailleurs que dans les salles ou galeries publiques des personnes étrangères à l'établissement, sans une autorisation spéciale du conservateur.

Art. 36.

Aucune personne attachée à la Bibliothèque ne peut pénétrer dans un département ou un service autre que celui auquel elle appartient, sans une autorisation du conservateur ou de son représentant.

Art. 37.

Il est interdit aux personnes attachées à la Bibliothèque de faire des collections d'objets analogues à ceux qui appartiennent à leur département.

Art. 38.

Aucune personne attachée à la Bibliothèque ne peut, pendant les heures affectées au service, se charger de copier ou de faire copier, traduire ou dessiner, à prix d'argent, les ouvrages ou objets qui appartiennent aux divers dépôts.

Art. 39.

Les peines disciplinaires dont pourraient être passibles les bibliothécaires, employés, surnuméraires et auxiliaires, sont :
1° La réprimande par l'administrateur général ;
2° La réprimande par le comité consultatif, avec ou sans insertion au procès-verbal ;
3° La suppression du congé annuel ;
4° La privation de traitement pendant un temps déterminé ;
5° La révocation.

L'application de ces deux dernières peines sera prononcée par le ministre sur un rapport de l'administrateur général, qui pourra, dans le dernier cas, en attendant la décision supérieure, prononcer l'interdiction de l'entrée de la Bibliothèque.

§ IV. — *Ouvriers, hommes de service et concierges.*

Art. 40.

Les ouvriers relieurs arrivent chaque matin à huit heures, les ouvrières à neuf ; les uns et les autres ne quittent l'atelier qu'à cinq heures.

Les encolleurs du département des estampes arrivent à dix heures et s'en vont à quatre.

Les ouvriers relieurs et les ouvriers colleurs sont placés sous les ordres de deux chefs d'ateliers chargés de diriger l'exécution des travaux.

Art. 41.

A la tête des hommes de service et des concierges, il y a un chef du service. Il se distingue par un double galon sur chaque manche de son habit. Il est logé dans l'enceinte de l'établissement.

Art. 42.

Les hommes de service sont chargés, sous les ordres du chef du service, de tous les soins et travaux relatifs à la propreté.

Art. 43.

Dans chaque département, ils sont tenus d'exécuter, sous les ordres des conservateurs sous-directeurs, des conservateurs sous-directeurs adjoints, des bibliothécaires, et sous le contrôle des employés, les mesures d'ordre intérieur et de surveillance spéciales au département.

Art. 44.

Néanmoins, ils sont tenus de concourir indistinctement, lorsque le cas l'exige, au service général de l'établissement.

Art. 45.

Les hommes de service du département des médailles, pierres-gravées et antiques, ne vaquent à leurs travaux qu'en présence d'un employé.

Art. 46.

Tous les hommes de service se rendent à leur poste tous les jours à neuf heures et demie ; ils y restent pendant toute la durée de la séance.

Ils ne doivent pas s'absenter sans en avoir obtenu l'autorisation du conservateur et en avoir averti le chef du service ou le bureau de l'administration.

Il leur est interdit, ainsi qu'aux concierges, de lire pendant le service, ou d'entretenir, soit entre eux, soit avec le public, des conversations étrangères au service.

Art. 47.

Après la clôture, ils travaillent aux opérations de rangement, de mise en place et de mouvement quelconque qu'exige le besoin du service, et cela pendant tout le temps jugé nécessaire.

Art. 48.

Il leur est défendu de recevoir aucune gratification des personnes qui visitent ou fréquentent la Bibliothèque. Toute infraction à cet égard peut être suivie de la révocation.

Art. 49.

À tour de rôle, chacun d'eux passe la nuit près du cabinet des médailles et prend part au service de nuit, tel qu'il est défini dans le règlement spécial annexé.

Art. 50.

L'administrateur général peut accorder aux ouvriers et ouvrières, hommes et femmes de service, un congé annuel de huit jours, pourvu que le service n'ait point à souffrir de ces absences.

Art. 51.

Le chef du service est chargé de l'inspection des cours, vestibules, escaliers et autres lieux non fermés. Il y fait une ronde trois fois par jour, aux heures fixées par l'administration, pour s'assurer que tout est dans l'ordre, que les portes sont bien closes, et que rien ne fait craindre pour la sûreté de l'établissement.

Art. 52.

Il veille au service de l'éclairage, du chauffage, du frottage et du balayage.

Art. 53.

Il surveille les réservoirs, de concert avec le poste des pompiers; il s'assure que ces réservoirs renferment une quantité d'eau suffisante.

Art. 54.

Il fait les menues dépenses pour le service intérieur de la Bibliothèque.

Art. 55.

La grande porte de la rue Richelieu est ouverte tous les jours de service de dix heures à quatre heures.

Le gardien de cette porte se tient en dehors de son logement depuis l'ouverture de la Bibliothèque jusqu'à la clôture.

Art. 56.

Il surveille attentivement les personnes qui entrent et qui sortent, et, en aucun temps, il ne laisse sortir ni livre, ni carton, ni aucun autre objet, sans un laissez-passer signé soit par un conservateur, soit par un délégué de l'administrateur ou d'un conservateur. Il garde ces laissez-passer et les remet le lendemain au conservateur qui les a délivrés ou fait délivrer.

Art. 57.

Le dépôt des parapluies, des ombrelles et des cannes est obligatoire, mais complètement gratuit. Toute infraction à cet égard peut être suivie de la révocation.

Art. 58.

Pendant toute la durée du service public, les hommes de service et les concierges sont tenus de porter l'habillement qui leur est assigné.

Art. 59.

Des peines disciplinaires pourront être encourues par les ouvriers et ouvrières, les hommes et femmes de service et les concierges dont la conduite ou le travail aura donné lieu à des plaintes. Ces peines seront, suivant la gravité des fautes :

1º La réprimande ;
2º La suppression du congé annuel ;
3º La privation de traitement pendant un temps déterminé ;
4º La révocation.

L'application de ces deux dernières peines n'aura lieu que sur un rapport fait au ministre, par l'administrateur général, qui pourra, dans le dernier cas, en attendant la décision supérieure, prononcer l'interdiction de l'entrée de la Bibliothèque.

TITRE III.

Service public.

§ I. — *Dispositions générales.*

Art. 60.

Le service public de la Bibliothèque nationale comprend :

1º La salle publique de lecture du département des imprimés ;
2º Les salles de travail des divers départements ;
3º Le prêt au dehors ;
4º La visite des collections.

Art. 61.

Le service public n'est interrompu que pendant le temps compris entre le dimanche de la Passion et le lundi de Pâques inclusivement.

Art. 62.

La salle publique de lecture du département des imprimés est ouverte tous les jours, même le dimanche, de dix heures à quatre heures, pour toute personne âgée de seize ans accomplis.

Un ordre intérieur de service assurera à chaque employé, auxiliaire, ou homme de service un jour de congé hebdomadaire.

Art. 63.

Il y a, dans chacun des départements de la Bibliothèque, une salle de travail ouverte tous les jours, excepté les dimanches et fêtes, depuis dix heures jusqu'à quatre.

Toutefois la clôture des salles peut être prescrite par l'administrateur général quand le jour est insuffisant.

En tout temps, les dernières communications doivent être demandées avant trois heures.

Art. 64.

Dans les salles de travail, comme dans les galeries ouvertes au public, le service de surveillance est permanent. Ce service, auquel doivent prendre part toutes les personnes attachées au département, est spécialement confié à un ou plusieurs agents.

Art. 65.

Les personnes qui désirent fréquenter une des salles de travail doivent demander une carte d'admission par lettre signée, adressée à l'administrateur général, en indiquant la nature de leurs travaux et en justifiant d'une manière authentique de leurs noms, profession et domicile.

Les étrangers sont invités à joindre à cette demande une recommandation de leur ambassadeur, ou celle d'une personne honorable connue de l'administration.

Les conservateurs, dans chaque département, peuvent, en cas d'urgence, dispenser temporairement de ces formalités.

Art. 66.

Il est statué sur les demandes régulières d'admission en comité consultatif, sauf recours du demandeur au ministre, en cas de refus.

Art. 67.

Chaque carte d'admission doit être signée par la personne à qui elle a été accordée.

Les cartes sont rigoureusement personnelles et doivent être représentées à toute réquisition.

Le prêt d'une carte en entraînerait l'annulation, et, dans ce cas, il n'en pourrait être accordé une nouvelle au prêteur.

Art. 68.

Les travailleurs doivent se conformer aux règles prescrites, tant pour l'ordre et la police du département où ils sont admis, que pour la bonne conservation des objets qui leur sont confiés.

Ils ne doivent ni se promener, ni causer, ni rien faire qui puisse troubler l'ordre.

Art. 69.

Les objets dont se compose chaque département ne seront communiqués que dans les salles de travail et de lecture.

Art. 70.

Les bibliographies et les catalogues devant constamment rester à la disposition de tous, il est interdit aux travailleurs de les emporter à leur place.

Art. 71.

Dans chaque département sera tenue à la disposition des travailleurs la liste des catalogues qu'ils peuvent librement consulter.

Art. 72.

Les autres catalogues ou répertoires ne peuvent être consultés par les travailleurs que sur une autorisation spéciale du conservateur et avec les précautions que celui-ci jugera convenables.

Art. 73.

Il est interdit aux travailleurs de prendre dans les armoires, tablettes ou portefeuilles, les objets qu'ils désirent avoir, sauf, toutefois, ceux qui, par une mesure particulière, auraient été mis à la libre disposition du public.

Art. 74.

Il est également interdit de prendre les livres ou objets déposés sur les bureaux des conservateurs ou des employés.

Art. 75.

Les travailleurs ne doivent pas placer le papier sur lequel ils écrivent ou dessinent sur le manuscrit, le livre ou le portefeuille qui leur est communiqué.

Art. 76.

Personne ne sort de la bibliothèque avec livres, papiers, portefeuilles ou objets quelconques sans s'être muni d'un laissez-passer. Le laissez-passer n'est délivré qu'au moment de la sortie de celui qui le demande.

Le fonctionnaire qui délivre un laissez-passer doit être mis à même de vérifier que les objets à lui présentés ne renferment rien qui appartienne à l'établissement.

Art. 77.

Il est interdit de fumer dans l'intérieur de la Bibliothèque, sous peine d'exclusion immédiate.

§ II. — *Lecture et étude à l'intérieur.*

DÉPARTEMENT DES IMPRIMÉS, CARTES ET COLLECTIONS GÉOGRAPHIQUES.

Art. 78.

Au département des imprimés, dans la salle publique de lecture comme dans la salle de travail, chaque personne qui se présente reçoit, en entrant, un *bulletin personnel* sur lequel seront inscrits, par un employé, les ouvrages qui auront été communiqués.

Pour quitter la salle, il faudra, à la sortie, remettre ce bulletin personnel, après l'apposition d'un timbre attestant que les livres communiqués ont été rendus.

Art. 79.

La salle de travail contient un choix d'ouvrages tenus à la disposition des hommes d'étude, qui comprend les dictionnaires des langues savantes et des langues étrangères, les biographies générales, les dictionnaires encyclopédiques, les principales collections académiques et autres grandes collections. Le catalogue imprimé en est déposé dans plusieurs parties de la salle.

Art. 80.

Les romans et les pièces de théâtre moderne ne seront communiqués que pour des travaux sérieux dont il sera justifié au conservateur.

En cas de refus d'un livre demandé, il peut être appelé à l'administrateur général de la décision du conservateur.

Les ouvrages licencieux ne peuvent être communiqués que sur une demande adressée à l'administrateur général et après avis favorable du comité consultatif qui apprécie les motifs de la demande.

Art. 81.

Les ouvrages par livraisons ne sont communiqués au public que quand ces livraisons ont pu être réunies en un volume et reliées.

Sont exceptés de cette disposition les ouvrages périodiques mis sur une table spéciale à la disposition des travailleurs. Les livraisons déposées sur cette table ne doivent être portées dans aucune autre partie de la salle.

Art. 82.

Les demandes de communication d'ouvrages doivent être inscrites par le demandeur sur un bulletin spécial qui lui est remis au bureau du service. Si l'ouvrage ne lui est pas communiqué, il peut adresser une réclamation au conservateur et, au besoin, à l'administrateur général.

Art. 83.

Le nombre des ouvrages communiqués sur place pendant une séance ne pourra dépasser dix; à moins d'autorisation spéciale du conservateur, il n'en pourra être demandé plus de deux à la fois.

Art. 84.

Chaque lecteur peut se servir de l'ouvrage qui lui a été donné en communication pendant toute la séance, si ses travaux l'exigent. S'il annonce au bibliothécaire que son intention est de revenir le lendemain continuer le même travail, l'ouvrage pourra n'être pas renvoyé en place, mais déposé dans une armoire spéciale. Dans ce cas, les volumes doivent être rapportés au moins dix minutes avant la fermeture de la salle, avec un fichet sur lequel le lecteur aura inscrit son nom et la date du jour.

Si le lecteur ne s'est pas représenté le lendemain, l'ouvrage devra, le surlendemain, être renvoyé sur les rayons.

Art. 85.

Des tables particulières sont affectées à la lecture des grands livres à figures. Sur ces tables, l'usage de l'encre est interdit. Les extraits de texte ou les copies de gravures ne peuvent s'y faire qu'à la mine de plomb.

Art. 86.

Les ouvrages de la réserve sont aussi communiqués sur une table spéciale.

Le conservateur est juge des précautions à prendre pour la bonne conservation de ces ouvrages. Ils devront toujours être rendus par les lecteurs aux préposés à la surveillance de la table de la réserve.

Art. 87.

Aucun calque ne peut être pris qu'avec une autorisation spéciale du conservateur.

Le travailleur autorisé doit, pour prendre un calque, se transporter à une table spéciale qui lui sera désignée. Il ne doit se servir que d'un crayon à la mine de plomb très tendre et n'employer que du papier végétal, à la gélatine ou de glace, et non du papier gras ou huilé.

L'autorisation obtenue ne s'applique jamais qu'aux pièces pour lesquelles elle a été expressément accordée.

Art. 88.

Il est interdit de placer le compas sur les volumes, les plans et les cartes géographiques.

DÉPARTEMENT DES MANUSCRITS.

Art. 89.

Toute demande de manuscrit doit être faite sur un bulletin spécial qui est présenté soit au conservateur ou au conservateur-adjoint, soit à l'un des bibliothécaires ou employés.

Art. 90.

Le calque des miniatures est interdit; mais il est permis d'en faire le dessin ou le croquis à la mine de plomb.

Art. 91.

La reproduction des miniatures à l'aide de couleurs n'est autorisée qu'à la condition de mettre le manuscrit à l'abri de tout accident, et, si le conservateur le juge nécessaire, de le renfermer dans une vitrine.

Art. 92.

Les manuscrits de la Bibliothèque étant la propriété de l'État, qui s'est réservé les droits assurés par le décret du 1er germinal an IV, aux propriétaires d'ouvrages posthumes, nul ne peut copier, publier, ni faire imprimer aucun des manuscrits sans une autorisation expresse du gouvernement.

Ceux qui voudront obtenir cette autorisation adresseront leur demande à l'administrateur général, qui la transmettra au ministre avec son avis.

Art. 93.

Les personnes auxquelles cette autorisation aura été accordée devront s'engager personnellement à faire parvenir à la Bibliothèque nationale deux exemplaires du travail imprimé, sans préjudice du dépôt légal auquel l'imprimeur est tenu.

Art. 94.

A moins d'autorisation spéciale du conservateur, le nombre des volumes communiqués pendant une séance ne pourra dépasser dix. Il n'en pourra être demandé plus de trois à la fois, à moins qu'il ne s'agisse de volumes consécutifs d'une même collection.

Art. 95.

Chaque lecteur peut se servir de l'ouvrage qui lui a été donné en communication pendant toute la séance, si ses travaux l'exigent. S'il annonce au bibliothécaire que son intention est de revenir le lendemain continuer le même travail, l'ouvrage pourra n'être pas renvoyé en place, mais déposé dans une armoire spéciale. Dans ce cas, les volumes doivent être rapportés au moins dix minutes avant la fermeture de la salle, avec un fichet sur lequel le lecteur aura inscrit son nom et la date du jour.

Si le lecteur ne s'est pas représenté le lendemain, l'ouvrage devra, le surlendemain, être renvoyé sur les rayons.

Art. 96.

Les manuscrits de la réserve ne peuvent être communiqués qu'après l'autorisation de l'administrateur général. Demande doit lui être adressée par écrit.

Pour les manuscrits dont la conservation demande des précautions spéciales et dont la liste a été arrêtée par décision ministérielle, l'autorisation ne peut être accordée qu'après avis du comité consultatif.

Les manuscrits de la réserve ne peuvent être communiqués que sous la surveillance d'un employé.

Art. 97.

La communication des pièces généalogiques n'est due qu'aux familles qu'elles concernent directement et dont l'identité est constatée, ou qu'à leurs fondés de pouvoirs ayant fait les justifications nécessaires.

DÉPARTEMENT DES MÉDAILLES, PIERRES GRAVÉES ET ANTIQUES.

ART. 98.

Par exception, et à cause de la disposition du local provisoirement affecté à cette partie des collections, le public n'est admis au département des médailles qu'à partir de dix heures et demie; il devra le quitter à trois heures et demie.

ART. 99.

Les médailles, pierres gravées et autres objets ne sont communiqués à chaque travailleur qu'en présence et sous l'inspection d'un fonctionnaire ou d'un employé.

ART. 100.

On ne communique à la fois qu'une seule tablette de médailles, et, autant que possible, qu'un seul des autres objets de la collection.

ART. 101.

Un registre-journal contient jour par jour les noms des personnes qui ont travaillé au département des médailles, avec l'indication des séries de médailles par elles consultées.

ART. 102.

Il est interdit aux travailleurs d'apporter avec eux des médailles, afin d'éviter toute chance de confusion entre la propriété de l'État et celle des particuliers.

ART. 103.

Si les travailleurs ont besoin de comparer des médailles à eux appartenant avec celles du département, ils pourront exceptionnellement être autorisés à faire ces comparaisons, mais seulement lorsqu'ils en auront annoncé l'intention dès leur entrée dans le cabinet, et qu'à cet effet, ils auront remis leurs médailles entre les mains du conservateur ou, en son absence, de son suppléant.

ART. 104.

Toute communication de médailles ou d'autres monuments quelconques est absolument interdite les mardis et vendredis, jours où le département est ouvert aux visiteurs.

ART. 105.

Les moulages et estampages ne peuvent être pratiqués qu'après l'autorisation du conservateur, qui ne l'accorde qu'après avoir reconnu l'absence de tout danger. Pour les médailles, les empreintes devront être prises en cire, ou au moyen de feuilles minces de plomb, mais jamais en plâtre. Pour les autres objets, le conservateur est juge des procédés à employer.

Art. 106.

Il n'est accordé d'autorisations de moulage et d'estampage que pour un nombre restreint d'objets. Toutes les fois qu'il s'agit d'une série, il en est référé par le conservateur à l'administrateur général.

DÉPARTEMENT DES ESTAMPES.

Art. 107.

Les cartes sont exigibles au département des estampes pour obtenir une communication, les jours publics comme les autres jours.

Art. 108.

Les demandes de communication doivent être faites par écrit sur des bulletins spéciaux. A la fin de chaque séance, les bulletins de demandes sont classés pour être conservés.

Art. 109.

Il est expressément interdit de calquer.
L'usage de l'encre et des couleurs est également interdit. Le crayon à la mine de plomb est le seul moyen de reproduction dont l'emploi soit autorisé.

Art. 110.

Aucune collection de gravures n'est communiquée avant qu'elle ait été assemblée et reliée.

Art. 111.

Le nombre des recueils que chacun peut consulter pendant la durée d'une séance n'est pas limité. Toutefois, en cas d'examen trop rapide ou de demandes trop multipliées de la part d'une même personne, les employés en référeront au conservateur, qui sera juge de la convenance des nouvelles communications.

Art. 112.

Tout recueil communiqué au public devra être remis en place :
1º par les employés, lorsque la personne qui aura consulté ce recueil

demandera à consulter immédiatement soit les volumes suivants de la même collection, soit une autre collection de pièces ; 2° par les hommes de service, lorsque les volumes auront été définitivement consultés et laissés sur les tables de travail, dans le cours de la séance, ou à l'heure de la clôture.

ART. 113.

Les demandes de communication des pièces de la réserve doivent être adressées au conservateur, qui détermine le jour et le mode de communication.

§ III. — *Prêt au dehors.*

ART. 114.

Le prêt ne peut être autorisé, même en faveur des fonctionnaires et employés, dans le département des médailles, dans celui des estampes et dans la section de géographie ; il peut l'être, aux conditions suivantes, dans le département des imprimés et dans celui des manuscrits.

ART. 115.

Peuvent seuls être prêtés dans le département des imprimés, les doubles qui ne font pas partie de la réserve, pourvu, en outre, qu'il ne s'agisse ni de livres particulièrement précieux, ni de dictionnaires, ni de journaux, ni de morceaux ou partitions de musique, ni de volumes appartenant à de grandes collections ou contenant des figures hors texte.

Ne peuvent pas non plus être prêtés les romans, ni les pièces du théâtre moderne, ni les ouvrages de littérature frivole.

Le conservateur apprécie en premier ressort les circonstances qui permettent ou non de prêter un livre.

ART. 116.

Peuvent seuls être prêtés dans le département des manuscrits, les volumes qui ne sont pas particulièrement précieux par leur rareté, leur antiquité, les autographes ou les miniatures qu'ils contiennent, ou par toute autre circonstance dont le conservateur est juge en premier ressort.

ART. 117.

Les livres prêtés sont inscrits sur un registre qui est émargé par les emprunteurs ou leurs fondés de pouvoirs. Il est tenu de ce registre un double répertoire renvoyant l'un aux livres prêtés, l'autre aux emprunteurs.

Art. 118.

L'autorisation d'emprunter peut être accordée aux auteurs domiciliés à Paris qui ont publié des ouvrages utiles et d'une honorable notoriété. Les personnes qui désirent obtenir cette autorisation doivent la demander par lettre signée, adressée à l'administrateur général, en faisant connaître leurs noms, professions, domiciles et les ouvrages qu'elles ont publiés.

Art. 119.

Pour les étrangers, c'est le représentant de leur pays (ambassadeur, ministre ou consul) qui doit faire cette demande, en déclarant qu'il se porte garant de la bonne conservation et de la restitution exacte des volumes prêtés.

Il ne peut être prêté à l'étranger et dans les départements que des volumes manuscrits.

Art. 120.

Les manuscrits ne peuvent être envoyés dans les départements que sur la demande et par l'intermédiaire du ministre.

Ils ne peuvent être envoyés à l'étranger que par la voie diplomatique et après autorisation du ministre.

Art. 121.

Il est statué en comité consultatif sur les demandes d'autorisation au prêt et sur les réclamations auxquelles peut donner lieu l'exercice du prêt, sauf recours au ministre de la part des demandeurs en cas de décision qui leur soit contraire.

Art. 122.

Chaque personne autorisée à emprunter recevra, avec une lettre d'avis, les instructions sur la marche à suivre pour obtenir, sans perte de temps, le prêt des livres imprimés ou manuscrits qui pourront lui être confiés.

Art. 123.

Il ne peut être prêté à la fois à la même personne plus de cinq ouvrages imprimés ou de trois volumes manuscrits.

Art. 124.

Il est fait mention sur le registre de prêt du délai pour lequel les volumes sont prêtés. Ce délai ne peut excéder trois mois. Les conservateurs ont toujours le droit, dans l'intérêt du service, de faire rapporter les livres avant l'expiration du délai pour lequel on les avait prêtés. Quiconque ne satisfera pas immédiatement à cette réquisition sera rayé de la liste du prêt.

-Art. 125.

Tout emprunteur qui doit s'absenter de Paris est tenu de rapporter avant son départ les livres qui lui ont été confiés.

Tout emprunteur qui change de demeure doit faire connaître sa nouvelle adresse au conservateur du département où il est autorisé à emprunter.

Art. 126.

Ceux qui ne pourraient rendre les livres qu'ils ont empruntés ou qui les rendraient en mauvais état, seraient tenus de les remplacer à leurs frais. Quand ce remplacement n'est pas possible, ils doivent réparer le tort causé à la Bibliothèque, suivant l'estimation faite en comité consultatif et approuvée par le ministre.

Art. 127.

Toutes les personnes attachées à la Bibliothèque sont soumises aux règles du prêt. Il leur est expressément interdit d'emporter chez elles un livre quelconque, sans qu'il ait été inscrit au registre du prêt dans les formes ordinaires. Il serait immédiatement référé au ministre des infractions à cette prescription.

§ IV. — *Visite des salles d'exposition dans un but de curiosité.*

Art. 128.

Le public sera admis sans carte à visiter les galeries et salles d'exposition le mardi et le vendredi de chaque semaine.

Art. 129.

Les visiteurs ne sont pas admis dans les salles exclusivement destinées au travail.

Art. 130.

Le mardi et le vendredi, on ne communique aucun des objets exposés dans les salles et galeries où le public est admis.

Art. 131.

Il ne doit se former devant les armoires ou les montres vitrées aucun rassemblement qui puisse en interdire la vue au reste du public ou favoriser de mauvaises intentions.

SERVICE DE NUIT

Le service de nuit est confié à un préposé adjoint au chef du service, ayant sous ses ordres quatre hommes.

Art. 2.

Chaque nuit, il y a quatre rondes dans toutes les parties de l'établissement. Elles sont faites, soit par deux hommes de service, soit par le préposé et un homme de service.

Art. 3.

Les rondes sont divisées par séries suivant un tableau affiché dans la salle de garde. Chaque jour, le préposé fixe la série de la nuit suivante, après s'en être entendu avec le chef du service et avoir pris les ordres de l'administration.

Art. 4.

Les hommes commandés pour le service de la nuit ne doivent quitter leur poste sous aucun prétexte. En cas d'alerte ou de danger, ils préviendront immédiatement le préposé ou le chef du service.

Il doit y avoir un veilleur en permanence dans la salle de garde.

Art. 5.

Le préposé est spécialement chargé du service des eaux. Il s'assure du bon état des conduites d'eau, réservoirs, appareils à incendie, etc.

Art. 6.

Il vérifiera minutieusement les contrôles et signalera immédiatement à l'administration les négligences qu'il aura constatées. Chaque matin il fera son rapport.

Art. 7.

Indépendamment de son service de nuit, il devra, le dimanche, exercer une surveillance de jour dans tout l'établissement.

Paris. — Typ. Georges Chamerot, rue des Saints-Pères, 19. — 9463.